DESARMANDO

COMPUTADORAS

PORTÁTILES

-

PASO A PASO

Ezequiel Morales Domínguez

Título: Desarmando computadoras portátiles. Paso a paso
Versión Impresión Rústica.

© Autor: Ezequiel Morales Domínguez

1ª edición, 2019

Contacto e-mail: reparacionespcmedia@gmail.com
Facebook: fb.me/pcmediareparaciones
Grupo de Facebook: facebook.com/groups/639103193260583/
Youtube: https://www.youtube.com/reparacionespcmedia

A MIS HIJAS

LA VIDA

EL CONOCIMIENTO

CONTENIDO

INTRODUCCIÓN

Antes que todo, quiero darte las gracias por el interés que tienes en una de mis obras, espero alcanzar el grado de expresividad que te mereces en todo el trayecto de esta publicación.

Déjame hablarte de lo que encontrarás en las próximas líneas; he tratado de simplificar el paso a paso de los procedimientos de desensamble de las computadoras portátiles, aunque en el mercado comercial existe una infinidad de modelos distintos; su procedimiento de ensamblaje puede tener una similitud entre ellos.

Teniendo la información exacta de los distintos tipos de empalme que se pueden encontrar; se podrá realizar la separación de sus piezas y componentes con el objetivo clave que debemos asumir: Evitar a toda costa lastimarla.

Este libro esencialmente está elaborado para poder identificar y realizar el desarmado de una computadora portátil, así como también en el trayecto iré mencionándote algunas sugerencias que me han servido en mi experiencia para evitar cualquier eventualidad en el proceso.

Hablaremos también de las condiciones en las que se deben de realizar las acciones y de las herramientas básicas con las que debemos contar y cómo utilizarlas al realizar las separaciones.

He añadido imágenes ilustrativas de los modelos más comerciales, para que puedas visualizar las condiciones que se están mencionando en ese bloque.

Pero vamos a aclarar algunos puntos de la narrativa del texto; primeramente, utilizaré varios sinónimos del término computadora para evitar que el libro se vuelva tedioso y repetitivo; otra cosa esencial es que también en el transcurso de los ejemplos y situaciones que se estén desarrollando, utilizaré algunos tecnicismos con los que espero ya estés familiarizado. De lo contrario si surgen algunas dudas respecto a qué me refiero, espero que la imagen ilustrativa pueda servirte como referencia del concepto.

Por último, la narrativa que estaré utilizando será totalmente personal; como si estuviera a un lado tuyo tratando de mostrarte los detalles de cada situación que se revise.

Sin más ni más, comencemos a desarrollar el tema.

MI ESPACIO DE TRABAJO

Si uno de los objetivos que tienes en mente es montar tu propio taller de reparación de computadoras o tal vez, ya cuentas con alguno establecido y buscas la manera de perfeccionarlo; puede ser también que no busques un enfoque comercial, sino más bien, por el solo hecho de poderle dar mantenimiento a los ordenadores que están dentro del círculo de familia y amigos. Cualesquiera que sean las circunstancias que te trajeron hasta aquí, ha de tomarse en consideración algunos puntos esenciales antes de comenzar a meterle mano a los "pacientes" que están por llegar.

Nuestra propia seguridad es totalmente prioritaria, la conservación de nuestras herramientas y sobre todo, la protección y cuidado que debemos tener con el equipo de cómputo que vayamos a recibir. Recuerda que es un equipo ajeno, costoso y que debemos de cuidar de no lastimarlo más de lo que probablemente ya se encuentra.

Así que ordenemos un poquito las cosas para comenzar a meter mano; el primero es el lugar de trabajo. Busca en tu área destinada a realizar las labores una mesa lo suficientemente plana y lisa para poder desarmar el equipo. Asegúrate de que no sea metálica; ya que trabajaremos con componentes electrónicos y tienden a lastimarse con superficies que conduzcan electricidad.

La mesa tiene que ser lisa y sin ningún tipo de borde o unión de maderas; en caso de que las tuviera habría que forrarla con algún plástico, de tal forma que no exista la posibilidad de que alguna de las cubiertas o esquinas de la computadora pudiera engancharse. Vamos a trabajar con piezas plásticas débiles, que con una ligera rozadura quedaría marcada para toda su existencia.

Asegúrate de que la mesa sea lo suficientemente amplia para trabajar, mientras se vayan separando las piezas en el desensamble, habrán que colocarse las que vayan quitándose en algún lugar seguro y que estén cerca de nosotros. Como estamos comenzando en el desarme de equipos, hay que irlas ordenando en la salida, es decir, si quitamos la batería en el primer paso, posteriormente el teclado y luego algunas otras; al momento de volverla a armar, la penúltima pieza a colocar sería el teclado y por último la pila. En el orden que salen, se regresan en sentido inverso.

La mesa tiene que tener el espacio necesario para colocar las piezas que vayamos quitando y una zona especial para las delicadas, como es la pantalla y el disco duro; ya que son sensibles a los golpes por su fragilidad y estructura.

Otro punto importante es que durante la labor de desmontaje de los componentes de la portátil, utilices una manta o tela de algodón en la superficie de la mesa. Cuando vayamos retirando los tornillos que la mantienen unida, puede ser que salgan rebotando y cayendo por todos lados. La tela que le coloques en la mesa evitará que corran o se deslicen y lleguen a caerse al suelo. Tendrán un tamaño muy pequeño y será complicado encontrarlos en el piso.

Si te es posible, trabaja con la mesa de operaciones pegada a una pared, esto evitará que las piezas que vayas repartiendo por la mesa caigan al piso ante cualquier empujón por el movimiento que se tiene que realizar. Algunos equipos habrá que girarlos varias veces para poder ir liberando sus puntos de sujeción; al trabajar pegado a una pared evitará que tú mismo los desplaces en los giros que se harán.

Ya teniendo la mesa firme, cubierta y bien puesta hay que organizar las áreas de herramientas. Manejaremos tres tipos principalmente y algunos accesorios complementarios:

- Herramientas de liberación.
- Herramientas de calor.
- Herramientas de limpieza

Vamos a mencionar cada bloque para que tengas una idea de cada tipo:

HERRAMIENTAS DE LIBERACION: Son los desarmadores o destornilladores que se ocuparán para ir separando las piezas de la laptop. Los tipos de punta del desarmador van a ser muy diversas; cada modelo de computadora tiene sus propias características en los tornillos. Hay unos más comunes que otros; la punta de cruz o también llamada tipo Phillips es recomendable tenerla en varios tamaños. Uno chico, uno mediano y uno grande para que ocupemos el adecuado al hacer la remoción de tornillos. Vendría siendo algo así como de 3, 5 y 7 milímetros aproximadamente.

También los desarmadores planos se llegan a necesitar en las mismas dimensiones; aunque es poco frecuente que aparezcan tornillos de este tipo, si se requieren para desmontar algunas cosas donde los dedos no entran para liberar algún conector. Otra punta de desarmador que llega a ocuparse es el denominado TORX, que ya viene preestablecido en medidas estandarizadas; los comunes son Torx – 5, Torx – 6 y Torx – 8.

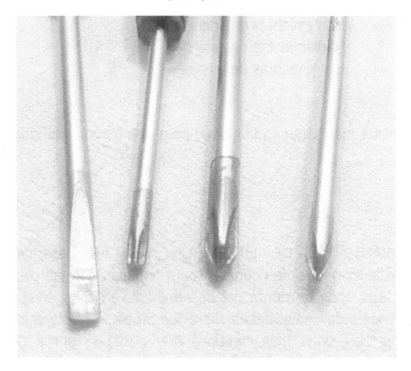

Si quieres evitarte la inversión en todas estas variantes de herramientas, existen en el mercado los llamados destornilladores multipunta. Que son muy prácticos para estas labores. El mango o maneral es el mismo siempre; únicamente la punta es la que se puede desmontar para ir haciendo los cambios que se necesiten.

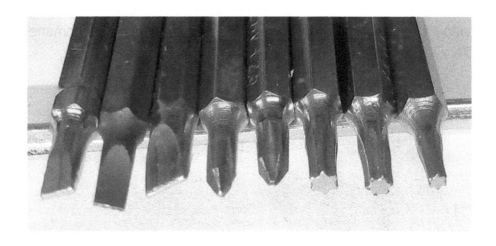

HERRAMIENTAS DE CALOR: Aunque no es una herramienta de uso común al desarmar un equipo, si hay que brindarles un espacio en la mesa de trabajo conforme vayamos adquiriendo habilidades de corrección de problemas. El cautín y la estación de calor deberán tener una zona específica en tu mesa de tal forma que su misma existencia y cableados no interfieran ni se crucen por la zona donde trabajamos.

Preferentemente, habría de colocarse en una posición esquinada y segura del mismo lado que tu mano nativa; es decir, para una persona diestra, las herramientas de calor deberían ir en la zona derecha de la mesa; mientras que una persona hábil con la mano izquierda iría en ese lado de la mesa.

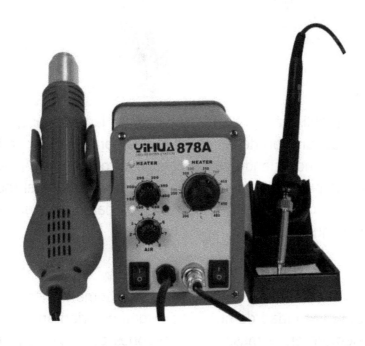

Hay que evitar a toda costa que los cables crucen encima del equipo que estemos colocando. La inercia de los cables en movimiento puede provocar que las piezas y tornillos se muevan o caigan de la mesa causando una eventualidad imprevista.

HERRAMIENTAS DE LIMPIEZA: Durante las labores de trabajo utilizaremos algunos objetos para ir limpiando y quitando la basura, polvo y suciedad que nos vamos encontrando. Una brocha, un cepillo dental en desuso, un trozo pequeño de tela y tal vez una lata de aire presurizado serían los integrantes de esta sección de la mesa. Su posición es en base a tu comodidad, siempre y cuando no estorben en las maniobras que tienes que realizar.

Como se utilizarán justo en la mitad de las acciones; es decir, la limpieza y depuración de las cosas sucias por lo regular se hacen a la mitad del camino, cuando ya fue removido todo aquello que tenía que quitarse, las piezas están en un lugar seguro, ese es el momento de realizar y acercar todo lo que necesitemos para quitar aquello que no sirva en el equipo.

ACCESORIOS COMPLEMENTARIOS: Como mencionamos al principio, la seguridad de nuestra persona es prioritaria; tenemos que contar siempre en la mesa de operaciones con guantes, mascarilla y gafas de protección. Al ir retirando las cubiertas, la protección de los ojos es esencial. Evita a toda costa el realizar cualquier intervención sin la protección de los ojos. Cuando se vayan removiendo las tapas, esta zona del cuerpo está expuesta a cualquier desprendimiento plástico que salga disparado hacia el rostro. Ten en cuenta que no sabemos que hay dentro del equipo. Y de lo que si estamos seguros es que habrá basura y polvo, trata de evitar que puedan entrar en tus ojos al desprenderse de las piezas.

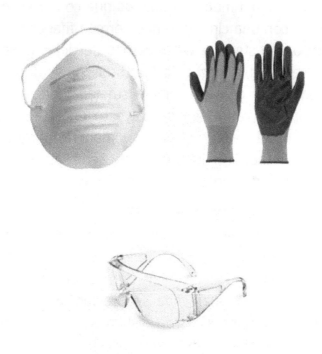

La mascarilla de protección nasal o cubre bocas, al igual que los guantes serán necesarios cuando tengas que realizar una limpieza donde se utilice algún solvente o dieléctrico. Esto es con la intensión de evitar alguna irritación en la piel o que los vapores sean inhalados.

Un aditamento clave en la mesa de trabajo además de los desarmadores, es una espátula plástica o alguna tarjeta de PVC que ya no sirva y que pueda se reutilizada. Estas tarjetas son las que utilizamos comúnmente como tarjetas bancarias, telefónicas o de regalo. Son muy útiles para ir realizando la separación de las cubiertas ya que este material se debilita y rompe en caso de que la estructura que intentemos separar presente resistencia. Todo ello sin raspar o maltratar la fisionomía de la laptop.

Otros accesorios a ocupar pero poco frecuentes son: una cuchilla o cutter que permita la liberación de piezas que vengan sujetas con cinta adhesiva. De igual manera tenemos que contar en nuestra zona de herramientas con una cinta que nos permita fijarlas al momento de cerrar el equipo. Puesto que no debemos de dejar nada suelto que pudiera ponerse en el trayecto de los tornillos; es decir, si notamos que una membrana o cable viene sujetada de alguna manera manteniendo una curvatura en su trayecto en el equipo, debemos mantenerla con el adhesivo de la misma manera, porque al colocarle los tornillos a las tapas al momento de cerrarlas, pueden llegar a moverse y terminar debajo del paso del tornillo que utilicemos para fijar esa zona.

Un separador de tornillos es de gran utilidad para saber la posición de todos aquellos que se vayan retirando. En mis inicios utilizaba un contenedor de agua para hacer hielos en el refrigerador y tapas de plástico de botellas de agua; cada separación le ponía un nombre: base, bajo teclado, motherboard, display, tarjeta derecha, tarjeta izquierda, procesador, etc. Esto me sirvió de mucho para poder identificar los tornillos en base a su posición y tamaño. Puesto que encontraremos en los equipos tornillería de diferentes tamaños, longitudes y grosores; si por error uno llega a ser colocado más largo de lo que debe ir, el plástico va a terminar siendo perforado y lastimaríamos su fisionomía.

Ya identificadas las zonas en nuestra mesa de trabajo y seccionada la herramienta que utilizaremos, solo nos resta asignarle un lugar a la conexión eléctrica. Esta debe estar en un extremo de la mesa en caso de ser requerida para alguna prueba que tenga que realizarse.

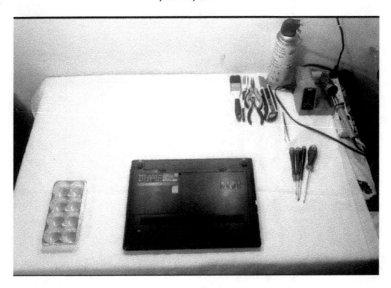

Ya está establecida la mesa, la herramienta, los cables, los accesorios que utilizaremos y las tomas de energía eléctrica. Pero ahora nos falta lo más importante a cuidar: Tu persona.

MI SEGURIDAD PERSONAL

Ya hemos mencionado que es totalmente imprescindible mantener la protección de ojos, nariz y manos al momento de realizar una inspección o desarme de una computadora. Pero hay todavía algunos puntos que debemos aclarar en cuanto a tu propia persona. Uno de ellos es la vestimenta.

Elije una ropa cómoda y preferentemente de algodón al 100%, ya que este tipo de tela no genera energía estática. Yo creo que te ha pasado que en un día muy caluroso, te levantas de un asiento y tocas algo metálico o simplemente saludas a otra persona y justo antes de tocarlo se percibe una ligera chispa. Esto es energía estática.

Nuestro cuerpo puede transmitir electricidad y la ropa que vestimos puede generarla por la fricción de la tela. Así que cuando vayas a realizar alguna labor con un ordenador que implique manipular sus piezas internas, trata de utilizar una vestimenta que no genere cargas eléctricas que pudieran lastimar alguno de sus componentes. La ropa de algodón no genera este tipo de energía eléctrica y evitará que se dañen los circuitos al tocarlos.

En caso de que no pudieras tomar medidas respecto a tu vestimenta, puedes optar por utilizar una pulsera antiestática; se comercializan en las tiendas de electrónica a bajo costo. Funcionan de la siguiente manera: es un brazalete que te colocas en la muñeca, cuenta con un cable extensor con una pinza metálica en el extremo que debe colocarse ya sea tocando una pared o también una barra metálica. La pulsera antiestática mantendrá tu cuerpo desenergizado y podrás realizar la revisión del equipo sin temor a dañarlo.

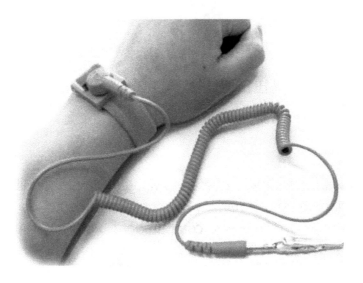

Otro punto importante son los accesorios personales. Hay que retirar de las manos y brazos aquello que pudiera lastimar o tallar los plásticos del equipo. Retira anillos, pulseras o relojes de tu cuerpo mientras realizas el desmontaje de componentes. Utilizar uno de estos accesorios puede provocar que te enganches a las piezas de la computadora o hasta provocarle una sobrecarga por estar metalizados.

La iluminación de tu área de trabajo tiene que ser lo bastante buena que te permita observar las cosas con claridad. Prepara tu zona de trabajo con la luz necesaria para realizar maniobras o apóyate de la luz solar. Puedes ubicar tu mesa de trabajo en la proximidad de una ventana, esto permitirá que puedas ver cada objeto que tenga que retirarse.

La ventilación también es importante; como ya hemos mencionado anteriormente, dentro del equipo encontrarás basura y polvo que tendrán que ser removidos para poder observar las piezas a desmontar. Si llegas a ocupar el aire presurizado para remover estos desechos, van a expandirse por el aire y la ventilación de tu área de trabajo tiene que estar en buenas condiciones para tu salud.

Por último tu condición anímica, ten en cuenta que vas a enfrentarte a un equipo electrónico con un diseño exacto y conciso, manufacturado para que cada pieza y componente caiga de manera perfecta en su posición. Trata de que cuando te dispongas a abrir una computadora te encuentres anímicamente sereno y tranquilo. Hay muchas cosas que tienen que observarse sin prisas para poder ser removidas sin romperlas. Si te encuentras en un momento de estrés, trata de relajarte y deja el desensamble para otro momento. Recuerda que el equipo es ajeno o tuyo, pero costó dinero y hay que cuidarlo tanto como sea posible.

ANALIZANDO AL RIVAL

A llegado el momento de revisar los detalles de nuestro oponente; ya contamos con las herramientas para enfrentar la batalla, pero el rival debe ser analizado antes de comenzar a separar las piezas. Pero vamos a ilustrar un poco las secciones que iremos mencionando, para que podamos entendernos en el trayecto:

Una laptop tiene teóricamente cuatro zonas de empalme en su fisionomía, dividida en dos partes. La motherboard está encapsulada por la base de asentamiento y el Palmrest o descansa palmas, que es donde está incrustado el teclado y el touchpad. La parte del display o pantalla, está encapsulada por el top cover o tapa y un bisel o marco que realiza el empalme para mantener su fisionomía.

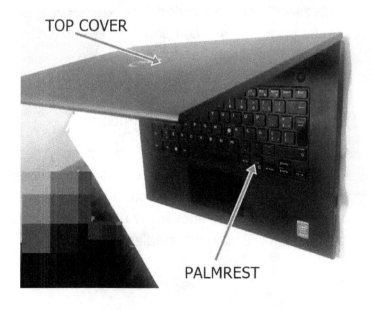

TOP COVER

PALMREST

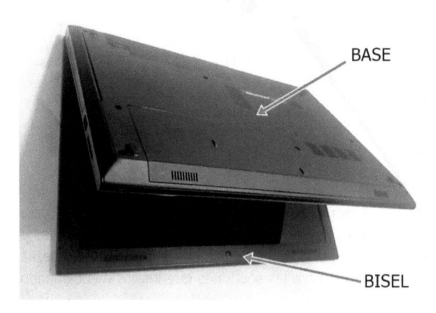

Por lo pronto, vamos en enfocarnos en la separación de estos cuatro bloques, posteriormente exploraremos algunos ejemplos de la diversidad de las piezas internas. También es importante recalcar que todo el procedimiento que veamos en las próximas partes del libro, se ha enfocado en su totalidad para realizar separaciones, exploraciones y revisiones, tratando de cuidar la fisionomía del ordenador.

Si estas interesado en aprender las maneras de realizar reparaciones, identificar los componentes dañados, realizar evaluaciones para tus clientes, emitir diagnósticos calificativos de funcionalidad; te invito a que adquieras las demás publicaciones que tengo respecto a esos temas, donde ya se tratan profundamente y con más detalle para ser revisados particularmente.

Puedes visitar mis redes sociales donde con gusto y si está a mi alcance, puedo apoyarte resolviendo las dudas que puedan surgir. Estoy por lanzar un grupo de Facebook donde la intensión es formar una comunidad donde podamos apoyarnos unos a otros resolviendo los conflictos con las computadoras portátiles.

Contacto e-mail: reparacionespcmedia@gmail.com
Facebook: fb.me/pcmediareparaciones
Grupo de Facebook: facebook.com/groups/639103193260583/
Youtube: https://www.youtube.com/reparacionespcmedia

Antes de comenzar en la exploración del rival, hagamos un recuento rápido de las cosas:

- Tener despejada la mesa de trabajo y la herramienta seccionada de tal forma que no se crucen ni los cables ni la herramienta.
- Asignar una zona a nuestro separador de tornillos donde colocaremos todo lo que vayamos retirando.
- La zona segura de las piezas debe estar disponible para colocar lo que quitemos.
- La vestimenta correcta para evitar la estática o en su defecto, ya estar usando la pulsera antiestática de protección.
- La zona de trabajo bien iluminada y ventilada.
- Listos y relajados.

Adelante con lo siguiente:

Cada modelo tiene su propia manera de ensamble, es como su identificación de existencia. Habrá unos más parecidos a otros, pero en realidad, pudieran parecerse por fuera; comparten el mismo color, las formas del diseño y a veces el tamaño, pero internamente puede variar o incluir cosas y servicios adicionales para la experiencia del usuario.

Es complicado poder definir cuál de los ensambles serán más comunes a encontrar, ya que esto varía de una región a otra en su comercialización. Existen diseños exclusivos para distribución de América Latina y otros para Europa, Asia y el Medio Oriente.

Por lo pronto vamos en enfocarnos en los ensambles que encontraremos en la zona de la motherboard. Vamos a describir el proceso para separar las piezas de esta zona y más adelante hablaremos de la región del display.

La gran mayoría de equipos tiene cuatro empalmes esencialmente para llegar a la motherboard:

- Con Base removible.
- Palmrest removible.
- Los múltiples, con teclado removible.
- Y los especiales

OJO AQUÍ. Sea del tipo que sea el equipo que tengas que desensamblar, asegúrate primeramente de retirar la batería, si está es visible en la parte de la base trata de removerla; regularmente viene sujeta con uno o dos seguros que al desplazarse a los costados puede desmontarse.

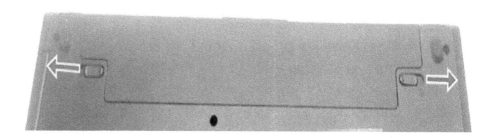

En caso de que no sea visible el mecanismo de fijación de la batería, realiza el procedimiento según el tipo de ensamblaje del equipo con una mayor precaución y fíjate como objetivo principal, que una vez que remuevas alguna de sus cubiertas, la batería sea desconectada antes de seguir avanzando.

Esta observación de retirar la batería o desconectarla la encontrarás repetidamente en el trayecto del texto, es importante y crucial que se desconecte la batería al momento de que la tengas a la vista. Es de vital importancia para el equipo, quitarle la energía al manipular sus componentes internos. Recuerda que buscamos proteger su funcionamiento, si la batería está presente al mover o desconectar componentes, podrían afectarse o en el peor de los escenarios, que uno de nuestros desarmadores, puntas o hasta un tornillo caiga inesperadamente sobre la motherboard energizada causando destrozos eléctricos.

Bueno con todo esto bien claro, comencemos con la exploración de cada uno de los empalmes de la motherboard.

Para determinar qué tipo de aseguramiento tiene la estructura de un equipo portátil, hay que echarle un vistazo primeramente al teclado. Ya que esto nos permitirá aclarar de primera mano que piezas son las que hay que remover primero. En el teclado se podrán encontrar algunos detalles que nos muestren si se remueve o pertenece a la misma estructura del Palmrest.

La forma de las teclas también puede ser un indicador de cómo viene conformado. Por ejemplo, habrá teclados donde cada una de sus teclas venga sobresaliente de una base o plantilla principal. Es decir, bajo las teclas se puede observar cómo todas vienen incrustadas en una lámina plana y observando el teclado se puede percibir que todas pertenecen a esa lámina. Esto puede ser un indicador de que el teclado puede removerse y también nos dice mucho sobre su estructura física, puesto que bajo el teclado podrían existir algunos tornillos de sujeción.

Otro indicador de que el teclado puede removerse son unos pequeños ganchos que sobresalen por toda la orilla, como si hubiera unos pequeños bordes que lo mantuvieran en posición. De notarse la existencia de estas uñas de fijación estaría comprobándose que el teclado es desmontable antes de realizar la separación de las cubiertas de la motherboard.

Si las teclas, las notamos como si fueran islas, como si brotaran de la parte baja y el Palmrest tuviera una especie de parrilla por donde cada tecla crece de la parte interna hacia afuera; sería un indicio de que pertenece totalmente al Palmrest y alguna de sus cubiertas (la base o el descansa palmas) tiene que removerse porque el teclado no es desmontable.

Entonces, como primer paso, identifica el tipo de teclado que tiene; si existen puntos de fijación del teclado o es visible que las teclas pertenezcan a una lámina ligeramente al fondo de su arquitectura; será indicador de que el teclado pueda removerse y caería en nuestra clasificación número 3. Ese equipo pertenece a un ensamblaje de condición múltiple y bajo su teclado hay tornillos de aseguramiento.

En cambio si el teclado tiene forma de pequeñas islas que brotan de por debajo del emparrillado del teclado. Puede ser un fiel indicador de que su desensamble debe realizarse en cualquiera de las otras dos modalidades que tenemos. Donde la base se desmonta o el Palmrest se remueve.

Cuando el teclado tiene forma de isla hay que comenzar a realizar las separaciones con mucho cuidado de no lastimar sus conectores y membranas de comunicación, previamente y por el hueco o abertura que se vaya logrando hay que echar un vistazo para determinar donde se queda sembrada la motherboard para determinar que cubierta es la que ha de removerse.

Analicemos cada uno:

LAPTOPS CON BASE REMOVIBLE

Alista tu caja de separación de tornillos para colocar los que se vayan retirando. También prepara tu tarjeta de PVC o espátula de plástico para poder utilizarla como guía de desprendimiento de broches.

Una vez determinado y confirmado que las teclas tienen forma de islas que brotan de la parte baja y pasan por el emparrillado del Palmrest, vamos a retirar tornillos.

Observa toda la base de la computadora, identifica los orificios donde vienen los tornillos. Si encuentras algunas gomas anti derrape pueden existir tornillos bajo ellas. Los fabricantes pueden colocar tornillos bajo estas gomas con la intensión de conservar la estética del equipo.

Una vez removidos todos los tornillos de la parte baja y confirmando que no existen otros escondidos bajo las gomas anti derrape, intenta separar brevemente con ayuda de tu tarjeta de PVC las posibles uniones de las dos tapas. La tarjeta es muy delgada, permitirá que al meterla en la ranura se pueda separar alguna de sus cubiertas.

De no permitir que la tarjeta se pueda insertar en esa ranura, inspecciona nuevamente los cantos del equipo; las orillas pueden indicarte que existe alguna otra unión de los plásticos. Evita forzar la separación, no utilices ningún otro objeto para separar las cubiertas. Recuerda que son de plástico y con cualquier otro objeto podrías dejarla marcada al realizar una palanca. La tarjeta de PVC si no puede introducirse se debilitará y deformará sin marcar el equipo.

Encontrando la ranura correcta de separación, continúa deslizando la tarjeta manteniendo el ángulo y la fuerza que estés aplicando. Las grapas se irán separando poco a poco conforme vayas deslizándola. Consiguiendo una abertura, no jales la tapa, podría romperse, continúa deslizando la tarjeta de un extremo a otro por todo el filo de la unión de las cubiertas.

Si llegas a notar que en algún punto la tarjeta no avanza y no se separan las grapas, desiste y observa nuevamente toda la base del equipo o sus cantos, puede existir algún tornillo adicional que esté impidiendo la separación.

Cuando tengas un hueco lo suficientemente amplio entre las dos cubiertas, identifica y comprueba que la motherboard se quede fija en la cara trasera del Palmrest. De lo contrario, asume la posición correcta en el equipo para desmontar la cubierta que tiene que separarse. Es decir, si al realizar una inspección por el hueco que hemos conseguido confirmamos que la motherboard se queda fija en el Palmrest estaremos asegurándonos de que estamos removiendo la tapa correcta. De no ser así, el equipo pertenece al otro tipo de desmontaje, donde la base no se remueve sino el Palmrest.

Confirmando que la base se remueve, comienza a elevarla suavemente y continúa mirando por la rendija de separación para determinar que no se encuentre alguna membrana adicional de interconexión; las cubiertas pueden tener componentes que enlazan a la motherboard, es por ello que mantén la precaución al momento de ir elevando la cubierta de la base. De existir una membrana trata de desconectarla antes de la elevación total de la cubierta, para que no se rompa el conector que tiene asignado.

Una vez consiguiendo que la base se desprenda del equipo, realiza todo aquello a lo que hayas destinado a la labor. En caso de ser una operación de mantenimiento, ubica el ventilador si es que existiese y realiza la limpieza correspondiente. Pero sobre todo, si la batería es interna, realiza la desconexión antes de hacer cualquier procedimiento.

Con las demás herramientas y accesorios que tenemos para trabajar realiza el objetivo. Si encuentras polvo o basura dentro del equipo que tenga que ser removido, toma las precauciones necesarias para que no afecten tu salud.

También si la basura o mugre no puede removerse a la primera con el aire presurizado, trata de ocupar tu cepillo dental o la brocha para aflojar un poco la suciedad.

Para el retorno o volverla a ensamblar. Realiza la misma maniobra de salida. Es decir, si lograste el desprendimiento de la base levantando del frente hacia las bisagras; el regreso tiene que ser de igual manera. Comenzando desde la parte trasera hasta el frente. O si conseguiste la separación de una orilla a otra, realiza el mismo procedimiento invertidamente.

Cuando estés empalmando nuevamente para cerrar, antes de colocar los tornillos realiza ligera presión en el filo por donde venía asegurado con las grapas de fijación; busca que todo empalme perfectamente antes de colocar los tornillos.

Si por alguna razón le notas que no está empalmando correctamente, revisa nuevamente la cubierta que retiraste, puede ser que alguno de los puertos o salidas laterales del equipo no cayó correctamente en el orificio que le corresponde. No intentes presionar con fuerza para hacerlo entrar en posición. Mejor retira nuevamente la cubierta de la base y busca la manera de que entren con libertad antes de cerrarla.

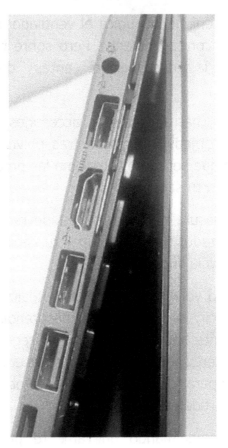

Ya hemos conseguido realizar el desmontaje de la primera posibilidad donde la base se puede remover. Ahora analicemos la siguiente donde el Palmrest es el que tiene que salir.

PORTATILES CON PALMREST REMOVIBLE

Ten lista tu caja de separación de tornillos y la mesa despejada, vamos a realizar algunas maniobras adicionales con este tipo de empalme de portátiles. Asegúrate de remover la batería si es posible o en caso de que no se pueda, toma las precauciones necesarias durante la labor y fíjate como principal objetivo que una vez consiguiendo la separación de la cubierta, se realice la desconexión de la batería para cualquier procedimiento adicional que vayas a realizar.

Como ya habíamos mencionado en el comienzo de este bloque, hay que realizar una exploración visual de la fisionomía del teclado, buscando identificar la forma en como viene sujeto e incrustado en el Palmrest. Si te percatas de que sobresalen de la parte interna de la computadora en forma de islas, puede ser un indicador de que se separe el teclado junto con la cubierta Palmrest.

Toma posición del equipo de tal forma que permanezca cerrado y explora la base; identifica y remueve todos los tornillos que encuentres en ella, poniendo especial atención en las gomas anti derrape; pueden existir tornillos debajo de ellas para mantener una estética del modelo.

Utiliza tu separador de tornillos si es que encuentras tamaños diferentes durante el proceso; trata de evitar que se mezclen puesto que cada uno va en una ubicación específica de acuerdo a su longitud. Su apropiada identificación te evitará dolores de cabeza por introducir alguno que no corresponda y termine perforando las cubiertas.

Cuando ya hayas removido todos los tornillos que se encuentren en la base y confirmando que no existen algunos ocultos bajo las gomas; utiliza tu tarjeta de PVC o espátula de plástico para conseguir una ligera abertura en la línea de empalme de las cubiertas. Toma precaución de no utilizar ningún otro instrumento para conseguir la abertura. La propiedad que tienen estas tarjetas para nuestra labor, es que no lastimarán el plástico que lo conforman, si llegases a introducirla en una ranura incorrecta la tarjeta PVC se debilitará y deformará indicando que tal vez exista otro filo por donde tenemos que comenzar.

Inserta la tarjeta de PVC en el filo, buscando conseguir que las grapas de fijación se vayan desprendiendo poco a poco; desliza la tarjeta de tal forma que la fuerza que ocupes y el ángulo se mantenga, logrando un avance progresivo en la separación de las cubiertas.

Continúa con el avance de la tarjeta de PVC de un extremo a otro del equipo por todo el filo de unión; si llegas a percatarte de que la tarjeta no avanza porque pareciera que existe algo que no permite continuar separando las grapas de fijación; desiste, suspende la acción que se está realizando y échale un vistazo nuevamente a la base o a los cantos del equipo; puede ser que se haya olvidado remover algún tornillo o existan algunos adicionales que fueron pasados por alto.

Cuando consigas una abertura lo suficientemente amplia para poder ver por dentro; inspecciona y confirma que la motherboard se esté quedando asegurada en la base de la motherboard. Es decir, separando un poquito las dos cubiertas, debemos de notar que la tarjeta se está quedando en la base; de ser así, asume la posición en el equipo como si fuera a utilizarse. Desplazando y abriendo la pantalla de tal manera que el Palmrest pueda subir libremente al momento de separarlo.

De igual manera una vez que consigas esta abertura, trata de localizar los conectores tanto del teclado como del touchpad. Estarán enlazadas al motherboard por medio de membranas plásticas y tienen que desconectarse antes de realizar el levantamiento total de la cubierta.

Asegúrate también de que no existan membranas adicionales que estén levantándose cuando estés inspeccionando la ranura que conseguimos. Si es necesario utiliza alguna linterna que tengas a la mano para confirmar que no haya más dispositivos conectados. Podría haber algunos adicionales como el retro iluminado del teclado o la membrana de comunicación del lector de huella digital por ejemplo.

Observa bien el movimiento que realices con la mano al elevar el

Palmrest. Si llegas a notar que en algún punto la elevación se detiene y empieza a doblarse o pandearse la cubierta. Desiste, revisa nuevamente la base del equipo, puede existir algún tornillo adicional que esté impidiendo la elevación de la cubierta. No trates de hacer fuerza al levantarla, podrías romperla.

De conseguirse la separación suave de la cubierta, poco a poco ve subiéndola y mantente atento a que no haya algo que impida la separación; si te es posible, no pierdas de vista la ranura al momento de irla elevando. Con la intensión de que si te percatas que existe una membrana por ahí que no hayamos visto. La desconectes antes de separar la cubierta en su totalidad.

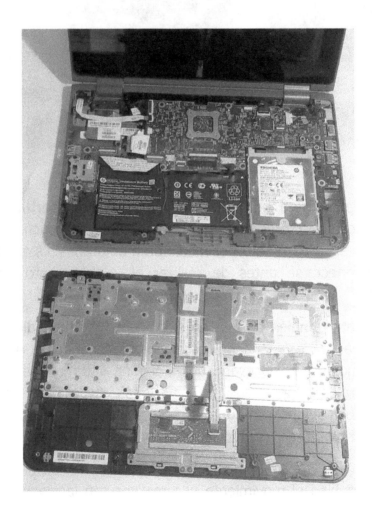

Una vez totalmente separado el Palmrest, realiza el procedimiento que hayas destinado a la labor. También identifica los conectores que tuviste que desconectar del teclado, el touchpad y los demás que estuvieron conectados durante el proceso. Observa su manera de aseguramiento que tienen porque será importante en el regreso.

Asegúrate también de desconectar la batería antes de manipular cualquier componente o acción que debas realizar. Toma las medidas necesarias para proteger tu salud. Dentro del equipo habrá basura y polvo que tal vez tengan que ser removidos. Utiliza tus herramientas complementarias como el cepillo dental o la brocha para aflojar un poco las trazas de suciedad antes de utilizar el aire presurizado.

Para volver a cerrar el equipo, se tiene que realizar el mismo procedimiento que hicimos pero en sentido inverso.

Como primer paso en el cierre de un empalme de este tipo es conectar tanto el teclado como el touchpad y todas aquellas membranas adicionales que se hayan tenido que desconectar en el proceso, igualmente la batería en caso de ser interna. Trata de realizar la conexión con suavidad y respetando el sentido y forma en cómo se aseguran.

Consiguiendo la conexión de los dispositivos que existen, realiza el empalme del touchpad con la base respetando el sentido de salida. Es decir, si fuiste levantando del mouse hacia las bisagras; el método de empalme va al revés, comenzando por la cercanía del display y bajando con suavidad hasta el touchpad.

Una vez sobrepuesto, realiza una ligera presión con los dedos consiguiendo que las grapas de aseguramiento vuelvan a tomar la posición de estética. Desliza tus dedos por toda la orilla del filo de unión, para conseguir que tome la posición el Palmrest con la base.

Ya está terminada la labor con el segundo tipo de empalme que podemos encontrar en las computadoras portátiles. A continuación inspeccionemos el más complicado de todos. El múltiple.

EQUIPOS CON EMPALME MULTIPLE

Este tipo de empalme de laptops, no tiene una condición específica para irse desmontando, sus puntos de fijación son en varias secciones, lo que implica que el equipo tenga que estarse girando durante el procedimiento de separación de componentes.

Alista tu caja de separación de tornillos con sus respectivos señalamientos de las zonas que se estarán interviniendo. Puedes asignarles nombres a cada sección de tu caja para que puedas identificarlos en el regreso. Usa nombres simples por ejemplo, base, bajo teclado, pantalla, bajo tapas, motherboard, tarjeta derecha, tarjeta izquierda, etc.

Es importante que tu caja de separación de tornillos esté bien identificada con los bloques que vayas liberando. De esto dependerá que los tornillos sean puestos en la posición correcta cuando tengas que ensamblarla nuevamente. Trata de tomar todas las medidas que puedas para señalar los tornillos que remuevas. Algunas personas utilizan un marcador para indicar la remoción de los tornillos. Habrá de muchos tamaños y grosores. Utiliza lo que esté a tu alcance mientras te familiarizas con el procedimiento.

En la mayoría de los equipos que presentan este tipo de empalme es posible retirar la batería. Remuévela antes de realizar otra cosa y recuerda tomar las medidas de seguridad necesarias antes de comenzar.

Analicemos el empalme:

En estos equipos es evidente tras hacer una observación del teclado; se puede notar que las teclas de su composición, pertenecen a una lámina en su profundidad, son un poco más grandes y se puede percibir que cada una de ellas tiene una especie de bisel de estética.

Como ya mencionamos, el equipo con esta arquitectura permitirá remover la batería en la mayoría de los casos; coloca el equipo de tal forma que la base esté a la vista para una inspección visual inicial.

Comienza a retirar los tornillos de la base del equipo, también considera hacer una inspección de los cantos y de la parte trasera. Los equipos con este tipo de empalme pueden requerir más tornillería que los equipos simples y ligeros. Si encuentras algunas tapas en la base que sean complementarias a su estructura; como pueden ser accesos rápidos a la memoria RAM o al disco duro; algunas veces debajo de estos dispositivos se encuentran aún más tornillos de fijación.

Desconecta todo aquello que pudieras encontrar en esas tapas parciales, respetando totalmente la fijación y conexión que pudieran tener; no jales ni trates de apalancarlo para que se quite; cada pieza está dispuesta de tal forma que sea liberada encontrando su forma de montaje. Analízala y trata de liberarla como corresponde.

Trata de localizar los señalamientos donde se encuentran los tornillos que aseguran e inmovilizan al teclado. No todos los modelos cuentan con sujeción por la parte baja, la búsqueda de señales de su existencia es para confirmar la remoción de tornillos.

Algunos equipos cuentan con figuras pequeñas con forma de teclado indicando que precisamente ese tornillo en esa posición se encarga de asegurar el teclado. También puede ser identificado en otros modelos con alguna letra como T de teclado o K de keyboard.

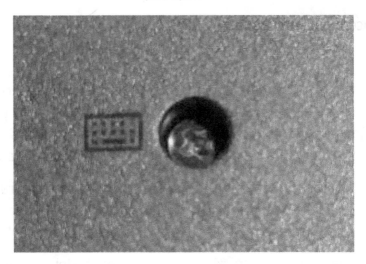

Si no presenta ninguna señal en la base del equipo, inspeccione el espacio donde se aloja la batería, de igual manera puede tener puntos de fijación por tornillo en esa sección.

En algunos casos donde el teclado no tenga tornillos para fijarse, revisa con detalle toda su periferia, existirán pequeños huecos o aberturas que indiquen un gancho o ceja que lo mantenga asegurado, esto puede ser tanto por encima de las teclas de función o a lo largo de la parte inferior de la línea de teclas de la barra espaciadora.

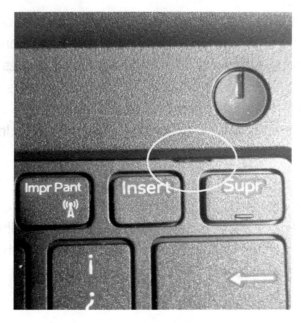

Otros modelos, cuentan con una cubierta plástica sobre los tornillos de aseguramiento, hay que tener un especial cuidado al realizar una palanca para comprobarlo; ante un caso de estos, donde visiblemente no puede apreciarse los puntos de fijación opta primeramente de apoyarte del internet para buscar datos del equipo y el modelo específico que tengas enfrente. Una búsqueda rápida de cómo es el teclado o cómo se comercializa, te dará una idea primaria de cómo viene sujetado en el equipo.

Teniendo la información necesaria respecto al teclado y su montaje podrá indicarte el procedimiento a seguir en el desmontaje. Recuerda que este tipo de empalme de computadoras portátiles es demasiado complejo, requiere que te hagas de algunas mañas para poderlos aperturar. No te desesperes, la gran ventaja es que se puede desarmar por compleja y aparatosa que se vea. Únicamente que requiere una atención especial.

Algunos fabricantes incluyen en los equipos los puntos de liberación rápida; es decir, pequeños orificios por los cuales podemos realizar una ligera presión para que el teclado sea liberado. Estarán mayormente dispuestos bajo la batería o también podremos encontrarlos al remover la unidad óptica.

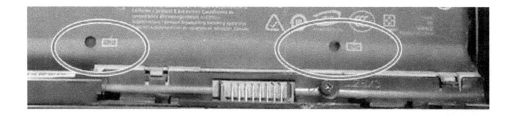

Una vez ubicando el montaje del teclado, realiza la remoción de los tornillos que encuentres y trata de elevarlo para apreciar el punto de conexión que tiene a la motherboard. Todos los teclados tienen un conector o dos, que permiten la comunicación a la tarjeta. El conector libéralo con cuidado de no dañarlo; encontrarás diferentes formas y tamaños de conexión hacia la tarjeta y todos se desconectan de diferente forma; algunos de ellos pueden venir así:

Fijación por acuñamiento. Existe una barra plástica que aprieta a la membrana del teclado sobre las laminillas de conexión; para conseguir que suelte al teclado, solo deslízala mínimamente de cada esquina para que la presión disminuya; esto ha de hacerse en total paralelismo con la motherboard y puedas retirar la membrana del teclado.

Fijación por plancha: En este mecanismo la membrana del teclado es presionada por una placa plástica. Para liberar el teclado, tiene que levantar ese plástico que hace presión en total verticalidad, respetando el giro que tenga.

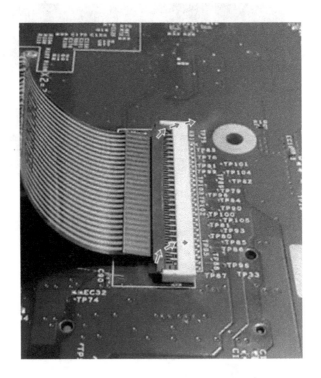

Evita a toda costa forzar la salida del teclado y su desconexión, no realices palancas pues lo único que se conseguirá será lastimar los plásticos.

Una vez liberado el teclado colócalo en un punto seguro de tu mesa y observa a detalle lo que encuentres debajo de donde estaba. Pueden encontrarse algunos tornillos adicionales que mantengan asegurado al Palmrest. También trata de encontrar si alguna otra sección tiene que ser removida previamente al display.

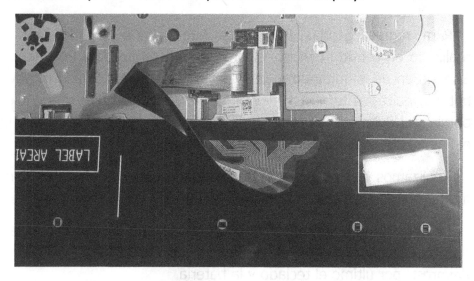

Existen casos donde pudiera ser que se remueva el teclado, posteriormente una parte del Palmrest para poder realizar el retiro del display. Observa con detenimiento el orden y las capas en las que se aprecie su empalme. También toma especial cuidado en irlas ordenando sobre tu mesa. Recuerda que en el mismo orden que salen es la manera en como ingresan al cerrarla. Y no pierdas de vista a los tornillos que quitas y de la zona donde estaban para que las señales en tu caja de separación.

En un gran porcentaje de equipos tendrás que remover el display antes de quitar al Palmrest y poder tener acceso a la motherboard. Observa con detenimiento que pieza podría salir antes que otra. Son muy pocos los modelos que permiten que el display salga junto con el Palmrest. La mayoría tienen que salir separados.

Una vez conseguida la separación de todas las piezas y tener a la vista el motherboard; realiza todas las acciones encomendadas a la labor. Si vas a realizar un trabajo de limpieza, asegúrate de tomar las medidas necesarias para protegerte de la basura y polvo que se pueda desprender.

Para regresar todas las piezas que hemos quitado hay que realizarlo en sentido inverso a como fueron removidas. Por ejemplo: Si el orden de ir quitando piezas es algo más o menos así; removí la batería, quité los tornillos y levanté el teclado; se quitó una cubierta parcial del Palmrest, se removió la pantalla, se quitó el touchpad con el Palmrest y llegué a la motherboard.

Realizamos la limpieza y el punto donde estamos ahora es con la motherboard a la vista.

Le seguiría el Palmrest con el touchpad con su correspondiente fijación, posteriormente el display luego la cubierta parcial del Palmrest; por último el teclado y la batería.

Este tipo de ensamble requiere más atención que los anteriores; como podrás date cuenta, existen muchas secciones y separaciones parciales durante el proceso. Por ello es importante que tomes precaución en tu mesa de trabajo con una zona destinada a las piezas que remueves y también la identificación de tus tornillos para que zona específicamente son.

Por último, para cerrar las aperturas de la zona del motherboard hablemos de los posibles ensamblajes especiales.

ENSAMBLAJES ESPECIALES

Si el empalme múltiple se te hizo espantoso por lo tedioso y complejo que puede resultar identificar que piezas son las que hay que remover antes que otras. Pues déjame te cuento que en los especiales la cosa se pone peor.

Cada fabricante va a poner su toque especial en cada equipo que diseña; habrá sencillos y prácticos que permitan acceder con simpleza a sus componentes internos, pero habrá otros tan complejos e imponentes que pueden hacer dudar al más temerario.

Dentro de los ensamblajes especiales podemos mencionar a aquellos equipos donde la separación de las cubiertas sea totalmente fraccionada; es decir, encontraremos que se remueve una tapita para encontrar otra tapita y abajo hay una tapita más y no exagero.

Cuando nos encontremos ante una situación de estas, lo recomendable es hacer lo que hemos ido revisando con los anteriores empalmes; seccionar tus tornillos y establecer en tu mesa de trabajo el orden de las piezas que vas removiendo. Creo ya has podido apreciar, que en el orden que salen en ese mismo entran de manera inversa. Al estar frente a un equipo que no tiene ni pies ni cabeza para comenzar. Inicia retirando los tornillos de la base tratando de identificar si existen algunas piezas que tengan que removerse o desconectarse antes de realizar desmontajes.

Es difícil poder especificar los ensamblajes especiales que pudieras encontrarte en los equipos. Lo que sí es un hecho, es que los fabricantes han categorizado sus ordenadores; dependiendo a la gama que pertenezcan, será su costo. Ese precio determinará la calidad del producto y esa calidad vendrá reflejada en el tipo de empalme y aseguramiento que tenga.

No obstante, con la información que has recibido de los primeros tres empalmes, que no te quepa duda de que puedes enfrentar a cualquiera de los de aseguramiento especial. Ya has podido asimilar los puntos de seguridad para tu persona. La manera de llevar el control y registro de las piezas y componentes que salen; así como también ordenar tus tornillos para su fácil retorno.

Con un poco de práctica y repetición de esta lectura podrás enfrentarte a cualquier equipo que se presente a tu lugar de trabajo.

Vamos a revisar a continuación ahora la fisionomía de la parte del display; está comprendida por dos piezas que la cubren: el top cover o tapa y el bisel.

EMPALMES DE PANTALLA

Realizar una separación de los plásticos que conforman a una pantalla puede ser una labor relativamente simple. Ya que físicamente solo encontraremos dos piezas fundamentales: la tapa (top cover) y el bisel. Pero no te confíes demasiado. Implica tomar en cuenta algunos detalles que te presentaré a continuación:

Vamos con lo mismo que te he comentado anteriormente, cada modelo presentará una fisionomía exclusiva y característica en su estructura. De igual manera la composición del display será diferente de una a otra especialmente en sus condiciones de pantalla. Habrá simples, donde el display es exclusivamente para mostrar la imagen que este enviando el sistema operativo pero también habrá compuestas, que son aquellas que pueden tener funciones agregadas como un panel dactilar para hacer labores de tableta.

Cuando una pantalla venga con una composición múltiple o es que realiza funciones agregadas, hay que analizar si es que ambas cosas (imagen y touch) pertenecen a una misma fisionomía, son separables o vienen integradas. Cuando su función sea solamente transmitir imagen, dentro del empalme plástico encontraremos al display asegurado por su contorno y tal vez algunos objetos complementarios como pueden ser las antenas de la conexión de red inalámbrica, la webcam y el micrófono.

Si la pantalla tiene funciones dactilares la cosa cambia; podremos encontrar conectores adicionales para la función del touch o botones complementarios para controlar algunas acciones dentro del sistema operativo.

Pero antes de profundizar en el tema, hablemos de una cosa ¿es obligado que abras la pantalla?, ¿vas a sustituir algo? Si tu respuesta a alguna de las dos cuestiones es afirmativa. Pues vamos a ello.

Primeramente asegúrate de quitar la energía del equipo, si es posible retira la batería si está a la vista en la parte baja del equipo. De lo contrario, que pertenezca a la composición interna del motherboard, tendrás que realizar antes que todo el desensamble de esa sección para desconectar la batería.

Es de extrema importancia que si vas a manipular, sustituir, comprobar, explorar o sacar el display por cualquier motivo que tengas; retira la batería. El equipo tiene que estar sin energía proveniente del cargador y sin conexión a la batería. Si llegas a pasar por alto esta recomendación, esa display terminará dañándose.

Si te es posible antes de comenzar, realiza una búsqueda en el internet sobre los datos del modelo que estés revisando. Cómo se comercializa el display, si tiene touch, si son separadas estas funciones, si vienen integradas. Esta investigación podría ahorrarte un dolor de cabeza en el desmontaje ya que existen modelos que la remoción de la pantalla es en base a calor; es decir, se utiliza la estación de aire caliente para despegar la pantalla de la estructura.

Pero supongamos que no es un equipo especial y procedemos a explorar uno de composición simple.

Con el equipo sin energía proveniente de la batería, explora todo el contorno del bisel. La mayoría de equipos cuentan con tornillos para que ese marco de plástico quede asegurado a la tapa principal. Por lo regular estos tornillos vendrán cubiertos con gomas o plásticos adheridos para conservación de la estética. Localízalos y remueve los tornillos que estén bajo las gomas. Asegúrate de poner también esas cubiertas de tornillos en tu caja de separación pues en el regreso debemos colocarlas nuevamente.

Para remover las gomas, ten especial cuidado de no utilizar alguna cuchilla con filo pues se puede rayar o marcar el bisel con el levantamiento.

Habrá estructuras que no cuenten con tornillos de fijación del bisel; de comprobarse que bajo las gomas no hay nada, ni en los cantos de la tapa, procedemos a separar el marco utilizando nuestra tarjeta de PVC. Localiza el filo de la unión entre el bisel y el top cover, trata de introducir con delicadeza la tarjeta entre la unión que tengan. De repente empezar en una de las esquinas no resulta ser tan viable, es el punto donde más grapas pueden existir. Si te resulta más práctico, comienza por la zona donde se encuentra o debería estar la webcam. Es una parte débil.

Cuando consigas una breve separación del marco desliza la tarjeta hacia cualquiera de los extremos tratando de que se separen las grapas. Evita a toda costa realizar algún jalón, el bisel es de plástico y muy débil; con un tirón brusco podría romperse y debemos de cuidar su entereza.

Con la tarjeta de PVC tendrás que realizar un recorrido por todo el contorno de bisel hasta conseguir que se separen. Con un avance discreto de la tarjeta se logrará que las grapas se vayan liberando una a una.

Conforme consigas una separación, echa un vistazo por dentro para observar que no exista alguna cinta o pegamento que ocasionalmente colocan los fabricantes para mantener asegurado el bisel al display. Si esté presente algún pegamento, no utilices la cuchilla para cortarlo. Ten en cuenta que dentro hay más cables y conexiones de los demás componentes del equipo y debemos evitar rebanarlos con la navaja. Continúa utilizando tu tarjeta pero con mayor profundidad sobre el marco para que el pegamento vaya cediendo en el avance.

El bisel tiene que salir solo una vez debilitando el pegamento y las grapas; no lo jales ni trates de hacer palanca, si existe algo que detenga la salida del bisel, realiza otra exploración, puede haber algún tornillo que debe ser removido y viene oculto de alguna manera en la estructura.

Una vez logrado el retiro del marco plástico. Analiza la forma en cómo viene asegurado el display. Puedes encontrarlo de dos maneras distintas de sujeción. Una de ellas es por los costados; la bisagra puede tener unas varillas extensoras donde el display es asegurado por tornillos en sus cantos y regularmente son de 3 a 4 tornillos en la izquierda y en la derecha. La otra forma es totalmente frontal a ti. Tal vez en las esquinas superiores e inferiores o también en sus laterales tenga los tornillos que lo inmovilicen. Cuando el aseguramiento es frontal pueden estar cubiertos con alguna cinta. Revisa con detalle donde pueden estar los tornillos. Regularmente lleva uno en cada esquina.

Después de remover los tornillos que estén presentes, el display tiene que separarse con total libertad. No lo jales. Con el menor movimiento la pantalla tendría que quedar suelta para que puedas continuar. Si algo la detiene o notas que aún continúa fijo en su posición, vuelve a realizar una comprobación de tornillos, pueden existir más sobre los cantos o en su parte frontal

Una vez consiguiendo la liberación completa de la pantalla, bájala realizando la misma acción como si cerraras la tapa para que exclusivamente el display quede descansando de frente al teclado y podamos tener a la vista su conector trasero con el que cuenta. Esta maniobra es imprescindible y realízala con cuidado. No lo jales podría arrancarse de su conexión.

Los tipos de conectores en las pantallas son muy diversos y es difícil mencionar uno por uno ya que esto va de acuerdo al modelo que se esté revisando. Pero podemos ilustrar algunas formas de conexión comunes:

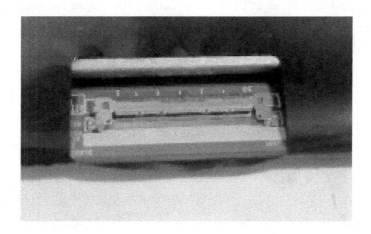

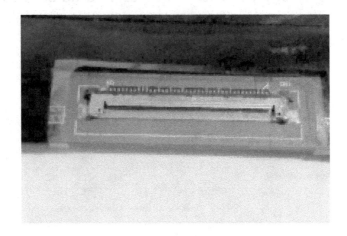

Como puedes apreciar, la gama de conectores es muy variada pero tienden a desconectarse de la misma manera. Se tiene que realizar la separación de la terminal del cable de la imagen que viene empalmada al conector de señal de la tableta lógica del display.

Antes de realizar la separación, comprueba que no tenga una cinta adhesiva con la que el fabricante asegura el conector para que con el movimiento no llegue a desconectarse.

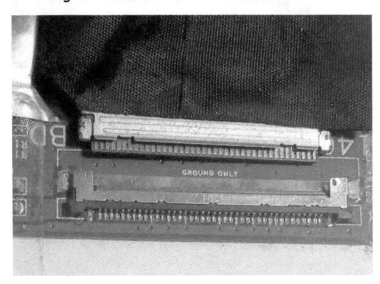

Una vez desmontado el display realiza las acciones que se te hayan encomendado, si hay que realizar alguna sustitución, recuerda que esta habrá de realizarse bajo las condiciones que estipula el fabricante; considerando resolución, tamaño, funciones y tipo de conector.

El procedimiento de retorno de un trabajo de este tipo es de igual manera en sentido inverso a la salida. Conecta el display a sus terminales que hayas removido. Colócalo en posición y realiza el aseguramiento en el top cover; ajusta el bisel de tal forma que quede empatado a su posición y realiza con suavidad una presión por todo el filo para que las grapas de aseguramiento vuelvan a quedar unidas.

Revisa a detalle que no vaya a quedar entre abierta en alguna sección.

Por último, coloca los tornillos que se removieron del bisel para que quede totalmente asegurado y listo.

Si tuviste que realizar un desensamble de la región de la motherboard para desconectar a la batería, tendrás que realizar el montaje de las tapas de acuerdo al tipo de empalme que te hayas encontrado.

No olvides las gomitas que removiste en el bisel; no queremos que se pierda su apariencia visual. =)

OBSERVACIONES FINALES

Espero que libro te facilite la manera de desarmar un equipo de cómputo que tengas que revisar. Una vez asimilando el contenido de esta publicación, estarás listo para poder desensamblar cualquier equipo que llegue a tus manos.

Los objetivos que se consiguieron al terminar la lectura son los siguientes:
- Conocer la manera de desensamblar una computadora portátil.
- Conocimiento de las técnicas y formas para realizar la separación de las cubiertas que lo componen.
- Conocer el uso de las herramientas básicas para poder realizar una inspección física del equipo.
- Las condiciones y medidas de seguridad que tienen que tomarse para poder desensamblar un equipo de cómputo.
- Identificar los puntos esenciales para separar las partes de una laptop.
- Los tipos de abordajes (empalmes o ensambles) en los que vienen diseñadas las computadoras portátiles.

Puedes seguirme a través de las redes sociales donde anuncio nuevas publicaciones y videos que pueden apoyarte en la reparación de equipos:

Contacto e-mail: reparacionespcmedia@gmail.com
Facebook: fb.me/pcmediareparaciones
Youtube: https://www.youtube.com/reparacionespcmedia